Eschenbach

Vokabeltrainer Spanisch: Niveaustufen A2 & B1

Thomas Eschenbach

Vokabeltrainer Spanisch

Niveaustufen A2 & B1

Band 1

Bibliografische Information der Deutschen Nationalbibliothek: Die Deutsche Nationalbibliothek verzeichnet diese Publikation in der Deutschen Nationalbibliografie; detaillierte bibliografische Daten sind im Internet über www.dnb.de abrufbar.

© 2016 Thomas Eschenbach

Herstellung und Verlag:
BoD - Books on Demand, Norderstedt

ISBN 978-3-7412-6165-7

Vorwort

Der Spanisch Vokabeltrainer A2 & B1 dient der einfachen Wiederholung von Vokabeln. Der Leser kann die wichtigsten Wörter der Niveaustufen A2 und B1 ohne viel Anstrengung erlernen. Einzelne wichtige Vokabeln werden im Buch vereinzelt auch wiederholt. Noch zu festigende Vokabeln brauchen nicht mühevoll nachgeschlagen werden. Sie können sich durch Ausschlussverfahren einzelne Vokabeln aneignen oder die Übersetzungen auf derselben Seite unten nachlesen. Einige Wörter und Wortteile sind fett abgedruckt. Dies zeigt in der Regel einen etymologischen Zusammenhang auf und erleichtert das lernen. Ein Muster für die Zuordnung der einzelnen spanischen Wörter zu deren Übersetzungen finden Sie auf der ersten Seite.

Vokabeltrainer Spanisch

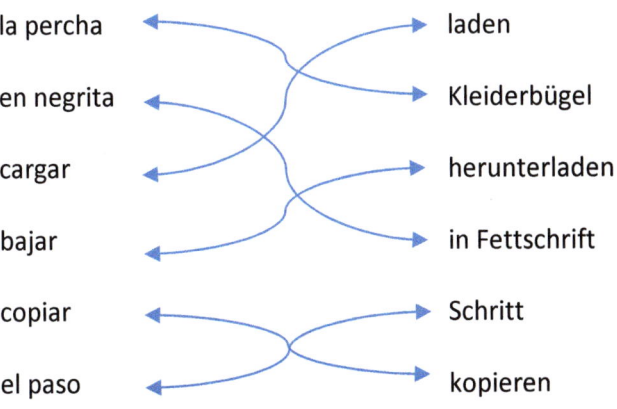

Lösung:
Kleiderbügel
in Fettschrift
laden
herunterladen
kopieren
Schritt

Niveaustufen A2 & B1

la jubilación	Geschäft
el impuesto	Steuer
la capacidad	Geduld
la paciencia	Ruhestand
la desaparición	Fähigkeit
el negocio	Verschwinden

Lösung:
Ruhestand
Steuer
Fähigkeit
Geduld
Verschwinden
Geschäft

Vokabeltrainer Spanisch

el handicap	Hälfte
la mitad	Kloster
la función	gleich schwierig
igual de dificil	tauchen
el monasterio	Funktion
buceo	Behinderung

Lösung:
Behinderung
Hälfte
Funktion
gleich schwierig
Kloster
tauchen

el monje	gefüllte Teigtasche
el cacahuete	Vorschlag
la empanada	Mönch
la sección	Erdnuss
la labor	Arbeit
la propuesta	Abteilung

Lösung:
Mönch
Erdnuss
gefüllte Teigtasche
Abteilung
Arbeit
Vorschlag

sin querer	aus Versehen
la capa	Spitze
el monte	Berg
la alfombra	Schicht
salvaje	wild
el pico	Teppich

Lösung:
aus Versehen
Schicht
Berg
Teppich
wild
Spitze

Niveaustufen A2 & B1

el vinagre	schmücken
decorar	Lorbeer
declarar	Essig
el pescador	Durchmesser
el diámetro	Fischer
el laurel	erklären

Lösung:

Essig
schmücken
erklären
Fischer
Durchmesser
Lorbeer

Vokabeltrainer Spanisch

la profundidad	sich entschuldigen
disculparse	Grund
la sugerencia	Absicht, Ziel
futuro/a	zukünftig
la causa	Vorschlag
la finalidad	Tiefe

Lösung:
Tiefe
sich entschuldigen
Vorschlag
zukünftig
Grund
Absicht, Ziel

Niveaustufen A2 & B1

el suposición	Infarkt
el horizonte	Vermutung
el infarto	schätzen
radical	Horizont
valorar	beraten
asesorar	radikal

Lösung:
Vermutung
Horizont
Infarkt
radikal
schätzen
beraten

Vokabeltrainer Spanisch

la suposición	Pilger
el suceso	Begebenheit
la señal	Vermutung
el peregrino	Herberge
el albergue	Signal
valorar	schätzen

Lösung:
Vermutung
Begebenheit
Signal
Pilger
Herberge
schätzen

Niveaustufen A2 & B1

la prensa	Chance
la oportunidad	Stempel
el crecimiento	Art
la manera	Presse
la vida cotidiana	Wachstum
el sello	Alltag

Lösung:
Presse
Chance
Wachstum
Art
Alltag
Stempel

la calabaza	Kürbis
la capa	Stock
el bastón	Umhang
recorrer	Muschel
la concha	bereisen
protegerse	sich schützen

Lösung:

Kürbis
Umhang
Stock
bereisen
Muschel
sich schützen

Niveaustufen A2 & B1

atraer	ruhen
descansar	anlocken
la leyenda	verpassen
adornado/-a	geschmückt
perderse	Legende
amplio/-a	reichlich

Lösung:
anlocken
ruhen
Legende
geschmückt
verpassen
reichlich

Vokabeltrainer Spanisch

el alojamiento	Unterkunft
el equipaje	schwedisch
sueco/a	unterschiedlich
recorrer	gleich
de la misma forma	bereisen
de forma diferente	Gepäck

Lösung:
Unterkunft
Gepäck
schwedisch
bereisen
gleich
unterschiedlich

Niveaustufen A2 & B1

el al**berg**ue	Unterkunft
el alojamiento	Her**berg**e
el apunte	unterbrechen
la leyenda	trainieren
entrenar	Notiz
interrumpir	Legende

Lösung:
Herberge
Unterkunft
Notiz
Legende
trainieren
unterbrechen

Vokabeltrainer Spanisch

contar	besprechen
entrevista	rechnen/erzählen
de repente	töten
justo	genau, richtig
matar	plötzlich
descubrir	entdecken

Lösung:
rechnen/erzählen
besprechen
plötzlich
genau, richtig
töten
entdecken

Niveaustufen A2 & B1

el obispo	Mitglied
parar	begraben
en**terra**r	Bischoff
el golpe	stoppen
perder	verlieren, verpassen
el miembro	Anschlag

Lösung:
Bischoff
stoppen
begraben
Anschlag
verlieren, verpassen
Mitglied

Vokabeltrainer Spanisch

el partido	Gewerkschaft
elecciones libres	freie Wahlen
el sindicato	Partei
la reunificación	Wiedervereinigung
el gobierno	Begebenheit
el suceso	Regierung

Lösung:
Partei
freie Wahlen
Gewerkschaft
Wiedervereinigung
Regierung
Begebenheit

Niveaustufen A2 & B1

allá	ziehen, entnehmen
el bachillerato	Verhaftung
mencionado	bilingual
sacar	dorthin
bilingüe	erwähnt
la detención	Abitur

Lösung:
dorthin
Abitur
erwähnt
ziehen, entnehmen
bilingual
Verhaftung

de repente	Rückkehr
perder	plötzlich
la vuelta	trotzdem
la conmemoración	gleichzeitg
sin embargo	Gedenkfeier
paralelamente	verlieren, verpassen

Lösung:
plötzlich
verlieren, verpassen
Rückkehr
Gedenkfeier
trotzdem
gleichzeitig

llevar al poder	verschwinden
desaparecer	an die Macht bringen
la cárcel	verhaften
detenerse	etwas behandeln
tratar algo	Gefängnis
añadir	hinzufügen

Lösung:
an die Macht kommen
verschwinden
Gefängnis
verhaften
etwas behandeln
hinzufügen

a principios de	sammeln
reunir algo	Anfang
Estará lloviendo.	Viel Spaß!
contrastar	Es wird wohl regnen.
¡Qué lo pases bien!	manchmal
a veces	vergleichen

Lösung:
Anfang
sammeln
Es wird wohl regnen.
vergleichen
Viel Spaß!
manchmal

Niveaustufen A2 & B1

el minero	Namenstag
el disfraz	Bergarbeiter
contrastar	Kerze
el santo	gegenüberstellen
Todos los Santos	Verkleidung
la vela	Allerheiligen

Lösung:

Bergarbeiter
Verkleidung
gegenüberstellen
Namenstag
Allerheiligen
Kerze

Vokabeltrainer Spanisch

ojalá	großartig
aprobar	bestehen
fenomenal	hoffentlich
para que	Geruch
el olor	rechnen/erzählen
contar	damit

Lösung:
hoffentlich
bestehen
großartig
damit
Geruch
rechnen/erzählen

la despedida	Abschied
la enfermedad	müde werden
la semilla	fliegen
vestirse	Krankheit
volar	Samen
cansarse	sich anziehen

Lösung:
Abschied
Krankheit

Vokabeltrainer Spanisch

¡Qué te diviertas!	Gute Besserung!
¡Enhorabuena!	Glückwunsch!
¡Qué te vaya bien!	Viel Spaß!
¡Qué lo pases bien!	Alles Gute!
¡Qué te mejores!	Viel Spaß!
¡Buena suerte!	Viel Glück!

Lösung:
Viel Spaß!
Glückwunsch!
Alles Gute!
Viel Spaß!
Gute Besserung!
Viel Glück!

el puesto	schicken
la revista	Platz
enviar	schicken
mandar	Zeitschrift
hacer falta	wecken
despertar	brauchen

Lösung:
Platz
Zeitung
schicken
schicken
brauchen
wecken

Vokabeltrainer Spanisch

silbar	Teppich
la alfombra	unterrichten
la beca	pfeifen
caminar	Stipendium
enseñar	unterstreichen
subrayar	gehen

Lösung:
pfeifen
Teppich
auslegen
gehen
unterrichten
unterstreichen

Niveaustufen A2 & B1

la calidad	Eigenschaft
la cualidad	Qualität
la Nochebuena	Heiligabend
la Nochevieja	Silvester
la almendra	Weihnachtslied
el villancico	Mandel

Lösung:
Qualität
Eigenschaft
Heiligabend
Silvester
Mandel
Weihnachtslied

el belén	Weihnachtskrippe
el intercambio	verstecken
el Viernes Santo	Austausch
esconder	Karfreitag
poner	können
poder*	legen

* Können i.S.v. Möglichkeit. Für Fähigkeit benutzt man saber.

Lösung:
Weihnachtskrippe
Austausch
Karfreitag
verstecken
legen
können

el poder	Ostern
el conejo	sondern
la Pascua	Macht
sino	statt
en cambio	Kaninchen
en vez de	demgegenüber

Lösung:
Macht
Kaninchen
Ostern
sondern
demgegenüber
statt

esconder	Brust
la pechuga	verstecken
el pararrayos	vermissen
echar de menos	sich verkleiden
¡Te echo de menos!	Blitzableiter
disfrazarse	Ich vermisse dich!

Lösung:
verstecken
Brust
Blitzableiter
vermissen
Ich vermisse dich!
verkleiden

el desfile	Umzug
la misa	Feiertag
el día festivo	Demonstration
la fiesta	Messe (Kirche)
la manifestación	erraten
adivinar	Feiertag

Lösung:
Umzug
Messe (Kirche)
Feiertag
Feiertag
Demonstration
erraten

entender	verstehen
la calavera	ernst
la vela	Totenkopf
serio/a	von klein auf
triste	Kerze
desde pequeño	traurig

Lösung:

verstehen
Totenkopf
Kerze
ernst
traurig
von klein auf

Niveaustufen A2 & B1

llevar	mitbringen
traer	Freude
encontrar	(mit)bringen/tragen
la alegría	Vorbereitung
mezclar	vermischen
el preparativo	finden

Lösung:
(mit)bringen/tragen
mitbringen
finden
Freude
vermischen
Vorbereitung

Vokabeltrainer Spanisch

respetar	respektieren
ahorrar	Zeichen
encantar	sparen
¡Encantando!	begeistern
la señal	Sehr erfreut!
encarga	in Auftrag geben

Lösung:
respektieren
sparen
encantar
Sehr erfreut!
Zeichen
encarga

recoger	Totenschädel
la calavera	Verwandte
propio/a	einsammeln
el/la pariente	so
así	wegnehmen
retirar	eigene

Lösung:
einsammeln
Totenschädel
eigene
Verwandte
so
wegnehmen

respirar	verstehen
entender	ratsam
la creencia	atmen
aconsejable	dumm
mejor	besser/mehr
tonto/a	Glaube

Lösung:
atmen
verstehen
Glaube
ratsam
besser/mehr
dumm

Niveaustufen A2 & B1

el conejo	Ratschlag
el consejo	Kaninchen
machacado/a	zerstoßen
echar una siesta*	Klatschpresse
echar algo	eine Siesta machen
la prensa rosa	wegwerfen

* ~~Hacer~~ una siesta.

Lösung:
Kaninchen
Ratschlag
zerstoßen
eine Siesta machen
wegwerfen
Klatschpresse

echar de menos algo	fehlen
echar de menos	vermissen
echar algo	Schicht
echar a + *Inf.*	wegwerfen
la capa	Umhang
la capa	beginnen etwas zu tun

Lösung:

vermissen
fehlen
wegwerfen
beginnen etwas zu tun
Umhang
Schicht

Niveaustufen A2 & B1

el interlocutor	Gutschein
el vale	Einverstanden!
¡Vale!	Gesprächspartner
¡Vale!	Meinetwegen!
¡Vaya!	Wow!
¡Vaya!	Na endlich!

Lösung:

Gesprächspartner
Gutschein
Einverstanden!
Meinetwegen!
Wow!
Na endlich!

Vokabeltrainer Spanisch

¡Venga!	wissen, können, schmecken
¡Venga!	Kopf hoch!
¡Anda!	Waage
¡Anda!	Los, beeil dich!
saber	Sag bloß!
la báscula	Bitte, bitte!
la suposición	Vermutung

Lösung:
Los, beeil dich!
Kopf hoch!
Sag bloß!
Bitte, bitte!
wissen, können, schmecken
Waage
Vermutung

el quinto	insbesondere
distinto/a	sondern
dos tercios	heutzutage
sobre todo	verschieden
hoy en día	nett
majo/a	2/3
sino	1/5

Lösung:

1/5
verschieden
2/3
insbesondere
heutzutage
nett
sondern

al**can**zar	erreichen
antifaz	messen
medir	Schlafmaske
sembrar	aufwachsen
criarse	aussäen
mentir	lügen

Lösung:
erreichen
Schlafmaske
messen
aussäen
aufwachsen
lügen

naufragar	Schiffbruch erleiden
huir	verwunden
herir	fliehen
cazar	versuchen
tentar	Wert sein
valer	jagen

Lösung:
Schiffbruch erleiden
fliehen
verwunden
jagen
versuchen
Wert sein

Vokabeltrainer Spanisch

castigar	jagen
cazar	bestrafen
sonreír	lachen
reír	träumen
vestirse	lächeln
soñar	sich anziehen

Lösung:
bestrafen
jagen
lächeln
lachen
sich anziehen
träumen

Niveaustufen A2 & B1

la caña	müde sein
el probador	sofort
tener sueño	Strohhalm
ahora mismo	noch heute
hoy mismos	Umkleidekabine
yo mismo/a	ich selbst

Lösung:
Strohhalm
Umkleidekabine
müde sein
sofort
noch heute
ich selbst

la báscula	Waage
majo/a	egal
me da lo mismo	egal
lo mismo	nett
da igual	ebenso
el sendero	Wanderweg

Lösung:
Waage
nett
egal
ebenso
egal
Wanderweg

Niveaustufen A2 & B1

despertar	aufwachen
despertarse	wecken
alumbrar	Glaube
sentir	beleuchten
convenir	bedauern/fühlen
la fe	absprechen

Lösung:
wecken
aufwachen
beleuchten
bedauern/fühlen
absprechen
Glaube

Vokabeltrainer Spanisch

forjar	besiegen
vencer	erreichen
lograr	schmieden
la bandera	laufen, rennen
actuar	Flagge
correr	handeln

Lösung:
schmieden
besiegen
erreichen
Flagge
handeln
laufen, rennen

la meta	erfüllen
cumplir	verkaufen
esconder	Ziel
vender	hinauftragen, einsteigen
subir	regeln, aufräumen, ordnen, reparieren
arreglar	verstecken

Lösung:
Ziel
erfüllen
verstecken
verkaufen
hinauftragen, einsteigen
regeln, aufräumen, ordnen, reparieren

la niñez	nützlich
útil	sehr
muy (+Adj./Adv.)	Kindheit
(Verb +) mucho (+ Subst.)	sehr
Tienes razón.	Erfolg
el éxito	Du hast Recht.

Lösung:

Kindheit
nützlich
sehr
sehr
Du hast Recht.
Erfolg

Sin duda.	währenddessen
sin embrago	Ohne Zweifel.
¡Ni hablar!	Aussage
al menos	mindestens
la afirmación	Auf gar keinen Fall!
mientras	trotzdem

Lösung:

Ohne Zweifel.
trotzdem
Auf gar keinen Fall!
mindestens
Aussage
währenddessen

Vokabeltrainer Spanisch

al**can**zar	golden
lograr	erreichen
conseguir	Hang
dorado/a	erreichen
la ladera	zugunsten
a favor de	erreichen

Lösung:
erreichen
erreichen
erreichen
golden
Hang
zugunsten

mientras	währenddessen
la tarea	Art/Weise
generoso/a	prüfen
la manera	Aufgabe
comprobar	hinter
tras	großzügig

Lösung:
währenddessen
Aufgabe
großzügig
Art/Weise
prüfen
hinter

lograr	nennenswert
correr	erreichen
tópico	laufen, rennen
la patada	Tritt
apreciable	hinzufügen
añadir	Klischee

Lösung:
erreichen
laufen, rennen
Klischee
Tritt
nennenswert
hinzufügen

se tutean	Zucker hineintuen
suelo* hacer	sie duzen sich
dejar caer	Gefühl
echar azúcar	zu tun pflegen
la sensación	fallen lassen
al revés	umgekehrt

* Infinitiv: solar = fliesen/besohlen

Lösung:
sie duzen sich
zu tun pflegen
fallen lassen
Zucker hineintuen
Gefühl
umgekehrt

cobrar	kassieren
por ello	in erster Linie
el contenido	deshalb
en primer lugar	Rezept
por eso	deshalb
la receta	Inhalt

Lösung:
kassieren
deshalb
Inhalt
in erster Linie
deshalb
Rezept

cierto/a	bestimmt/wahr
minusvalido	Behinderung
el handicap	Behinderter
el cartel	wundertätig
el milagro	Plakat
milagroso/a	Wunder

Lösung:
bestimmt/wahr
Behinderter
Behinderung
Plakat
Wunder
wundertätig

Vokabeltrainer Spanisch

bucear	Beerdigung
el conjunto	Einheit
rodear	tauchen
la corona	Krone
citar	umgeben
el entierro	nennen, zitieren

Lösung:

tauchen
Einheit
umgeben
Krone
nennen, zitieren
Beerdigung

despedirse	Ausgabe
la edición	sich verabschieden
la soledad	malerisch
levantarse	legendär
legendario/a	aufstehen
pintoresco/a	Einsamkeit

Lösung:

sich verabschieden
Ausgabe
Einsamkeit
aufstehen
legendär
malerisch

el valle	Parade
descansar	Tal
la muralla	anfangen
comenzar	eine Pause machen
el desfile	Mauer
contestar	beantworten

Lösung:
Tal
eine Pause machen
Mauer
anfangen
Parade
beantworten

a lo largo de	falsch
el acontecimiento	im Laufe von
erróneo/a	beurteilen
el malentendido	höflich
cortés	Ereignis
juzgar	Missverständnis

Lösung:
im Laufe von
beurteilen
falsch
Missverständnis
höflich
Ereignis